AF360977

Du 1er Avril 1734.

ORDONNANCE DU ROY,

Pour regler le payement des Troupes de Sa Majesté, pendant la campagne prochaine.

Du premier Avril 1734.

A PARIS,

DE L'IMPRIMERIE ROYALE.

M. DCCXXXIV.

ORDONNANCE DU ROY,

Pour regler le payement des Troupes de Sa Majesté, pendant la campagne prochaine.

Du premier Avril 1734.

DE PAR LE ROY.

SA MAJESTE' voulant regler le traite- **PAIN.** ment qui sera fait à ses Troupes, pendant la campagne prochaine, soit dans ses armées, ou dans les garnisons, a ordonné & ordonne que, conformement aux estats qu'Elle fera expedier pour estre remis aux Munitionnaires generaux de ses armées, il sera fourni du pain de munition aux Officiers, Brigadiers, Sous - Brigadiers, Gardes, Gendarmes, Chevaux-legers, Mousquetaires, Grenadiers à cheval, Carabiniers, Cavaliers, Hussards, Dragons, Sergents & Soldats de ses Troupes, tant françoises qu'estrangeres, qui serviront dans les armées de Sa Majesté, à commencer du jour qu'elles se mettront en campagne, jusqu'à celuy de la separation desdites armées, sur le pied des revûës des Commissaires des guerres, qui en feront

A ij

trois pendant la campagne; sçavoir une dans le mois de May, avec les Directeurs & Inspecteurs généraux, où il s'en trouvera; la seconde dans le mois de Juillet, & la troisieme au mois de Septembre.

ARTICLE PREMIER.

GARDES FRANÇOISES & SUISSES.

LES Compagnies des Regimens des Gardes françoises & suisses, seront payées de leur solde ordinaire, sur laquelle il sera rabattu deux sols pour chaque ration de pain de munition, qui leur sera fournie; & les Officiers de l'Estat Major de chacun desdits Regimens, recevront leurs appointemens suivant les estats qui seront expediez à cette fin.

II.

INFANTERIE FRANÇOISE.

QUANT aux autres Troupes d'Infanterie, outre le pain de munition qui sera fourni aux Officiers & Soldats, il leur sera payé par chacun jour, pendant qu'elles seront en campagne, sçavoir, pour l'Infanterie françoise, dix sols à chaque Capitaine de Grenadiers; huit sols au Lieutenant, six sols au Sous-Lieutenant, cinq sols à chacun des deux Sergents, trois sols neuf deniers à chacun des trois Caporaux, trois sols six deniers à chacun des trois Anspessades, trois sols à chaque Grenadier, & deux sols pour chacune des trois payes de gratification, que le Capitaine touchera par jour, lorsque sa Compagnie se trouvera de quarante-quatre, ou quarante-cinq hommes; deux desdites payes depuis quarante-un jusqu'à quarante-quatre, une seulement à quarante hommes, & rien au-dessous dudit nombre de quarante, les Officiers non compris.

Chacune des seize Compagnies de Fusiliers, en chaque Bataillon d'Infanterie françoise servant en campagne, sera payée à raison de huit sols par jour au Capitaine, six sols au Lieutenant, cinq sols à l'Enseigne des Compagnies colonelle ou Lieutenante-colonelle, de quatre sols au Sous-Lieutenant des autres Compagnies, trois sols six deniers à chaque Sergent, trois sols trois deniers à chacun des trois Caporaux, trois sols à chacun des trois Anspessades, deux sols six deniers à chacun des trente-un Fusiliers, &

un

Du 1er Avril 1734.

un Tambour; dans laquelle paye des Sergents, Caporaux, Anspessades, Grenadiers, Fusiliers & Tambour, sont compris un sol à chaque Sergent, & six deniers à chacun des autres, pour s'entretenir de linge & de chaussure, que Sa Majesté veut bien leur continuer par grace pendant la campagne : Le Capitaine aura de plus cinq sols par jour, pour chacune des cinq payes de gratification qu'il recevra, sa Compagnie estant de quarante hommes presents & tous effectifs au camp, sans y comprendre ceux qui seront aux Hospitaux hors de l'armée, suivant les revûës qui en seront faites par les Commissaires des guerres, avec les Inspecteurs generaux où il s'en trouvera : Ceux desdits Capitaines qui auront depuis trente-cinq jusqu'à quarante hommes, toucheront trois desdites payes ; & ceux qui ne seront que depuis trente jusqu'à trente-cinq, recevront seulement deux payes de gratification ; sans que les Capitaines en puissent prétendre aucune, leurs Compagnies estant au-dessous dudit nombre de trente, les Officiers non compris.

Les Officiers de l'Estat-Major de chaque Regiment *Estat-Major.* d'Infanterie Françoise, où il n'y a point de Prevosté, seront payez à raison de huit sols par jour au Colonel, de six sols au Lieutenant-colonel, huit sols au Major, six sols à l'Ayde-Major, quatre sols au Mareschal des logis, deux sols six deniers à chacun des Aumosnier & Chirurgien, six sols à chacun des Commandans de second, troisieme & quatrieme Bataillon, outre la paye de Capitaine, six sols à l'Ayde-Major qui est en chacun desdits Bataillons : Et dans les Regimens où il y a Prevosté, cinq sols au Prevost, deux sols six deniers à son Lieutenant, deux sols au Greffier, & un sol à chacun des cinq Archers, & à l'Executeur de justice.

I I I.

LES huit Compagnies de Sapeurs, Canonniers ou *ROYAL-* Bombardiers, de chacun des cinq Bataillons du Regiment *ARTILLERIE.* Royal-Artillerie, seront payées à raison de vingt sols par jour au Capitaine, douze sols au Capitaine en second, huit sols à chacun des deux Lieutenans, six sols à chacun des deux Sous-Lieutenans, cinq ſols à chacun des quatre Sergens, quatre ſols à chacun des quatre Caporaux, trois ſols à chacun des quatre Anſpeſſades & deux Cadets, deux ſols neuf deniers à chacun des dix-huit Bombardiers, Canonniers ou Sapeurs, deux ſols ſix deniers à chacun des trente-ſix Apprentifs, & deux ſols neuf deniers à chacun des deux Tambours; & deux ſols pour chacune des ſept payes de gratification que le Roy accorde au Capitaine, lorſque ſa Compagnie ſe trouvera de ſoixante-ſept hommes & au-deſſus, juſqu'à ſoixante-dix, ſans les Officiers; ſix à ſoixante-cinq & ſoixante-ſix, cinq à ſoixante-trois & ſoixante-quatre, quatre à ſoixante-deux & ſoixante-trois, trois à cinquante-neuf & ſoixante, deux à cinquante-ſept & cinquante-huit, une à cinquante-cinq & cinquante-ſix; le Capitaine ne devant avoir aucune paye, ſa Compagnie eſtant au-deſſous dudit nombre de cinquante-cinq.

Eſtat-Major. L'Eſtat-Major de chacun des cinq Bataillons dudit Regiment, ſera payé à raiſon de vingt ſols par jour au Colonel-Lieutenant, pareille ſomme de vingt ſols au Lieutenant-Colonel, douze ſols au Major, huit ſols à l'Ayde-Major, & de quatre ſols à chacun des Aumoſnier & Chirurgien.

Mineurs. Chacune des cinq Compagnies de Mineurs, qui doivent ſervir ſeparement ou avec leſdits Bataillons, ſera payée à raiſon de cinq livres treize ſols au Capitaine par jour, quarante-deux ſols au Lieutenant, trente-quatre ſols au ſecond Lieutenant, vingt-quatre ſols à chacun des deux Sous-Lieutenans, ſeize ſols ſix deniers à chacun des deux Sergens, douze ſols ſix deniers à chacun des trois Caporaux, neuf ſols ſix deniers à chacun des trois Anſpeſſades, dix ſols à chacun des deux Cadets, huit ſols ſix deniers à chacun des ſeize Mineurs, cinq ſols à chacun des vingt-ſix Apprentifs, ſept ſols ſix deniers au Tambour; & ſept ſols pour chacune des cinq payes de gratification que le Roy accorde au Capitaine, ſa Compagnie eſtant depuis quarante-ſept juſques à cinquante hommes, les Officiers non compris; quatre de quarante-cinq & quarante-ſix,

Du 1er avril 1716.

trois de quarante-trois & quarante-quatre, deux à quarante-un & quarante-deux; une feulement à quarante, &
rien au-deſſous dudit nombre de quarante.

Chacune des cinq Compagnies d'ouvriers, qui doivent *Ouvriers.*
auſſi ſervir ſeparement ou avec leſdits Bataillons, ſera payée
ſur le pied de cinq livres huit ſols par jour au Capitaine,
de trente-deux ſols au premier Lieutenant, vingt-ſept
ſols au ſecond Lieutenant, ſeize ſols à chacun des trois
Maiſtres-ouvriers, ſeize ſols à chacun des trois Sous-maiſ-
tres, treize ſols à chacun des ſeize Ouvriers, dix ſols à
chacun des neuf autres, huit ſols à chacun des huit Apprentifs & au Tambour ; & dix ſols pour chacune des
quatre payes de gratification accordées au Capitaine, ſa
Compagnie eſtant de trente-huit hommes & au-deſſus,
juſqu'à quarante , trois deſdites payes de trente-ſix à
trente-ſept, deux à trente-quatre & trente-cinq, une à
trente-trois, les Officiers non compris, & rien au-deſſous
dudit nombre.

Les appointemens conſervez au Sieur de Lorme, & *Appointemens*
aux Cadets ou Mineurs entretenus dans les cinq Bataillons *conſervez.*
dudit Regiment, continueront à leur eſtre payez, en paſ-
ſant preſents aux revûës des Commiſſaires des guerres, ſur
le pied porté par l'Ordonnance du 30. Novembre dernier.

Les Officiers reformez qui ſervent à la ſuite des Regi- *Officiers*
mens d'Infanterie françoiſe, ſeront payez, lorſque les Re- *reformez.*
gimens ſeront en campagne, à raiſon de neuf ſols par jour
à chaque Colonel reformé, huit ſols à chaque Lieutenant-
Colonel, cinq ſols à chaque Capitaine, & de trois ſols à
chaque Lieutenant reformé.

Si Sa Majeſté jugeoit à propos de faire ſervir en cam- *MILICES.*
pagne quelques Bataillons de Milice, ils continueront à
recevoir la ſolde qui leur a eſté reglée par l'Ordonnance
du 30. Novembre dernier, ſur laquelle il ſera retenu deux
ſols pour chaque ration de pain fournie aux Sergens &
Soldats; les Officiers n'en devant point avoir, ſi ce n'eſt
en le payant au prix du Roy.

B ij

I V.

INFANTERIE ESTRANGERE.

SUISSES. LES Compagnies & Eſtats-Majors des Regimens Suiſſes qui ſerviront en campagne, recevront leur ſolde en conformité de l'Ordonnance du 30. Novembre dernier, à raiſon de dix-ſept livres huit ſols par mois pour chaque homme, & paye de gratification; & de dix-neuf cens ſoixante livres huit ſols, pour chaque Eſtat-Major : ſur laquelle ſolde il ſera retenu deux ſols pour chacune des rations de pain qui ſeront fournies auſdites Compagnies, ſuivant les revûës des Commiſſaires des guerres prépoſez à cet effet.

Les Compagnies & Eſtats-Majors des Regimens d'Infanterie Allemande, ſeront payées de leur ſolde ordinaire en campagne; ſur laquelle il ſera déduit à chaque Compagnie, deux ſols pour chaque ration de pain qui leur ſera fournie pendant la campagne ſeulement, ſans que les Officiers ſoient obligez d'en prendre.

Officiers reformez. Les Officiers reformez qui ſervent à la ſuite deſdits Regimens, ſeront payez, ſçavoir, à chaque Colonel ou Lieutenant-Colonel, ſur le pied de cent trente-ſix livres dix-ſept ſols ſix deniers par mois; de quatre-vingt-dix livres à chaque Capitaine, & de quarante-huit livres à chaque Lieutenant.

ROYAL-ITALIEN. Chacune des onze Compagnies de Fuſiliers du Regiment Royal-Italien, compoſée de cinquante hommes, doit eſtre payée à raiſon de quarante ſols par jour au Capitaine, de ſeize ſols au Lieutenant, douze ſols à l'Enſeigne, huit ſols à chacun des deux Sergens, cinq ſols dix deniers à chacun des trois Caporaux, quatre ſols ſix deniers à chacun des cinq Anſpeſſades & un Tambour, trois ſols neuf deniers à chacun des dix Appointez, & trois ſols ſix deniers à chacun des vingt-neuf Fuſiliers; le Capitaine devant recevoir cinq payes de gratification de trois ſols ſix deniers par jour, ſa Compagnie eſtant de quarante-ſix, & au-deſſus, juſqu'à cinquante, quatre à

quarante-cinq,

quarante-cinq, & trois à quarante, quarante-une, quarante-deux, quarante-trois & quarante-quatre hommes, sans les Officiers.

La Compagnie de Grenadiers dudit Regiment sera payée à raison de quarante-huit sols par jour au Capitaine, de vingt-cinq sols sept deniers au Lieutenant, seize sols au Sous-Lieutenant, huit sols six deniers à chacun des deux Sergens, six sols à chacun des trois Caporaux, cinq sols à chacun des cinq Anspessades & au Tambour, quatre sols à chacun des trente-neuf Grenadiers ; le Capitaine devant avoir cinq payes de gratification, de quatre sols chacune, sa Compagnie estant à cinquante hommes, quatre à quarante-cinq, & trois à quarante, sans les Officiers.

L'Estat-Major dudit Regiment doit estre payé en campagne, à raison de six livres treize sols quatre deniers par jour au Colonel, de trente-deux sols au Lieutenant-Colonel, quarante sols au Major, quatre livres à l'Interprete, vingt-quatre sols à l'Ayde-Major, douze sols au Mareschal-des-logis, seize sols à l'Aumosnier, sept sols six deniers au Chirurgien, seize sols au Prevost, huit sols à son Lieutenant, cinq sols au Greffier, trois sols quatre deniers à chacun des cinq Archers & à l'Executeur de Justice, & de quatre sols au Tambour major.

Estat-Major.

Les Officiers reformez entretenus à la suite dudit Regiment, seront payez à raison de trois livres par jour à chaque Colonel, de quarante sols à chaque Lieutenant-Colonel, vingt-cinq sols à chaque Capitaine, & de quinze sols à chaque Lieutenant reformé.

Chacune des quatorze Compagnies de Fusiliers des Regimens d'Infanterie Irlandoise de Bulkley, Clare & Dillon, sera payée à raison de cinquante sols par jour au Capitaine, trente-trois sols quatre deniers au Capitaine reformé, vingt-deux sols six deniers au Lieutenant, quinze sols au Lieutenant reformé, dix-huit sols à l'Enseigne des Compagnies Colonelle ou Lieutenante-Colonelle, sept sols à chacun des deux Sergens, quatre sols six

BULKLEY,
CLARE
&
DILLON.

deniers à chacun de trois Caporaux, quatre fols à chacun des trois Anfpeffades, & trois fols fix deniers à chacun des trente - un Fufiliers & un Tambour ; le Capitaine devant recevoir trois payes de gratification , de trois fols chacune, fa Compagnie eftant de quarante hommes, fans les Officiers, & deux à trente-cinq.

La Compagnie de Grenadiers qui eft en chacun defdits Regimens, doit eftre payée à raifon de trois livres par jour au Capitaine , trente-trois fols quatre deniers au Capitaine reformé, trente-cinq fols au Lieutenant, quinze fols au Lieutenant reformé, huit fols à chacun des deux Sergens, cinq fols à chacun des trois Caporaux, quatre fols fix deniers à chacun des trois Anfpeffades, quatre fols à chacun des trente-un Grenadiers & un Tambour ; & le Capitaine recevra trois payes de gratification, de trois fols fix deniers chacune, quand il aura quarante hommes effectifs dans fa Compagnie, fans les Officiers, & deux quand il en aura trente-cinq.

Eftat-Major.

L'Eftat-Major de chacun defdits Regimens fera payé à raifon de fix livres treize fols quatre deniers par jour au Colonel, de vingt-deux fols fix deniers au Lieutenant-Colonel, trois livres fix fols huit deniers au Major, cinq livres à l'Interprete , trente fols à l'Ayde-Major, vingt fols à l'Aumônier, & quinze fols à chacun des Chirurgien & Marefchal des Logis.

Les Officiers reformez à la fuite defdits Regimens, feront payez à raifon de trois livres dix fols par jour à chaque Colonel ou Lieutenant-Colonel , de cinquante fols à chaque Capitaine, & dix-huit fols à chaque Lieutenant.

ROTH
&
BERWICK.

Les quatorze Compagnies de Fufiliers de chacun des Regimens de Roth & Berwick, feront payées à raifon de trente-fept fols fix deniers par jour au Capitaine, vingt-trois fols au Capitaine reformé, feize fols trois deniers au Lieutenant, douze fols neuf deniers à l'Enfeigne qui eft en chacune des Compagnies Colonelle ou Lieutenante-Colonelle, onze fols au Lieutenant reformé, fept sols à chacun des deux Sergens, quatre sols six deniers à chacun des trois Caporaux, quatre sols à chacun des trois Anspessades, trois sols six deniers à chacun des trente-un Fusiliers & un Tambour; & trois sols pour chacune de trois payes de gratification que le Roy accorde au Capitaine, sa Compagnie estant à quarante hommes, & deux à trente-cinq, les Officiers non compris.

La Compagnie de Grenadiers sera payée à raison de quarante-sept sols six deniers par jour au Capitaine, vingt-trois sols au Capitaine reformé, vingt-cinq sols six deniers au Lieutenant, onze sols au Lieutenant reformé, sept sols à chacun des deux Sergens, cinq sols à chacun des trois Caporaux, quatre sols six deniers à chacun des trois Anspessades, quatre sols à chacun des trente-un Grenadiers & un Tambour; le Capitaine aura de plus trois payes de gratification de trois sols six deniers chacune, sa Compagnie estant à quarante hommes sans les Officiers, deux à trente-huit, & une à trente-cinq.

L'Estat-Major de chacun desdits Regimens doit estre *Estat-Major.* payé à raison de trois livres quinze sols au Colonel, seize sols trois deniers au Lieutenant-Colonel, quarante-cinq sols dix deniers au Major, vingt-trois sols quatre deniers à l'Ayde-Major, douze sols six deniers à chacun des Mareschal des Logis & Aumônier, dix sols au Chirurgien; treize sols quatre deniers au Prevost, six sols huit deniers à son Lieutenant, quatre sols deux deniers au Greffier, & de deux sols six deniers à chacun des cinq Archers & à l'Executeur.

Les Officiers reformez qui se trouveront à la suite des- *Officiers* dits Regimens, seront payez comme les Officiers en pied, *reformez.* sçavoir trente-sept sols six deniers par jour à chaque Capitaine, & seize sols trois deniers à chaque Lieutenant.

V.

GENDARMERIE.

LES Compagnies des Gardes du Corps du Roy, outre *GARDES DU CORPS.*

le pain qui leur fera fourni, feront payées pendant qu'elles ferviront en campagne, à raifon de quatre livres dix fols par jour à chaque Lieutenant, trois livres à chaque Enfeigne, trente fols à chaque Exempt & Ayde-Major, vingt fols à chaque Brigadier, dix-fept fols fix deniers à chaque Sous-brigadier, quinze fols à chaque Garde, Trompette & Timbalier, quarante fols à chaque Aumofnier, & vingt fols à chaque Chirurgien.

GRENADIERS A CHEVAL. La Compagnie des Grenadiers à cheval de Sa Majefté, fera payée à raifon de vingt-fept fols par jour au Capitaine-Lieutenant, de dix-huit fols à chacun des trois Lieutenans, treize fols fix deniers à chacun des trois Sous-lieutenans, neuf fols à chacun des trois Marefchaux des logis, fept fols à chacun des fix Sergens, fix fols à chacun des trois Brigadiers & fix Sous-brigadiers, cinq fols à chacun des fix Appointez & au Porte-eftendart, & quatre fols fix deniers à chacun des cent vingt-quatre Grenadiers, quatre Tambours ou Hautbois.

GENDARMES & CHEVAUX-LEGERS. La Cornette de chacune des Compagnies de Gendarmes & de Chevaux-legers de la garde de Sa Majefté, doit eftre payée à raifon de quinze fols par jour à chaque Gendarme, Trompette & Timbalier, de vingt fols à l'Aumofnier, & de dix fols à chacun des petits Officiers fervant à ladite Cornette ; les Officiers eftant payez avec le guet, de leurs appointemens ordinaires.

MOUSQUETAIRES. Les détachamens des deux Compagnies des Moufquetaires feront payez en campagne, à raifon de vingt-trois fols par jour à chaque Brigadier, dix-neuf fols à chaque Sous-brigadier, quinze fols à chaque Moufquetaire, vingt fols à l'Aumofnier, douze fols à chaque Tambour, Chirurgien, Apothicaire, Fourrier, Sellier & Marefchal ferrant, & cinquante fols à chaque joueur de Hautbois ; Sa Majefté faifant payer d'ailleurs les grands Officiers defdites Compagnies, qui commandent lefdits détachemens.

GENDARMERIE. Les grands Officiers des dix Compagnies de Gendarmes de la Gendarmerie, continuëront à eftre payez

fuivant

ſuivant les eſtats que Sa Majeſté fera expedier ; & les Ma-
reſchaux-des-logis, Brigadiers, Sous-brigadiers, Gendarmes & Timbaliers, comme ceux des Compagnies de
Chevaux-legers, ainſi qu'il eſt cy-après expliqué.

Chacune des ſix Compagnies de Chevaux-legers de
ladite Gendarmerie, ſera payée à raiſon de quarante-cinq
ſols par jour au Capitaine-Lieutenant, de dix-huit ſols
au Sous-lieutenant, treize ſols ſix deniers à chaque Cornette, neuf ſols à chacun des quatre Mareſchaux-des-
logis, de ſix ſols à chacun des deux Brigadiers & deux Sous-
brigadiers, cinq ſols au Porte-eſtendard, de quatre ſols ſix
deniers à chacun des ſoixante-dix Chevaux-legers, de
cinq ſols ſix deniers à chaque Trompette & Timbalier,
& de trente ſols à chacun des deux Aumoſniers qui ſont
avec leſdites Compagnies de Gendarmes ou de Chevaux-
legers.

Les Officiers de l'Eſtat-Major de ladite Gendarmerie
eſtant payez de leurs appointemens à l'Ordinaire des
guerres, il n'en ſera point fait icy mention.

V I.

CAVALERIE ET DRAGONS.

IL ſera payé à chacune des Compagnies du Regiment *CARABINIERS.*
Royal des Carabiniers, vingt-deux ſols par jour au Capitaine, quinze ſols au Lieutenant, douze ſols au Cornette,
huit ſols au Mareſchal des logis, quatre ſols ſix deniers à
chacun des deux Brigadiers, & quatre ſols à chacun des
trente-huit Carabiniers, compris le Trompette, ainſi que
le Timbalier, où il y en a.

Pour l'Eſtat-Major dudit Regiment, il ſera payé vingt- *Eſtat-Major.*
deux ſols par jour pour les appointemens de Monſieur le
Duc du Maine Meſtre-de-Camp Lieutenant ; pareille ſomme de vingt-deux ſols pour chacun des Meſtres de Camp
qui ſervent ſous luy à la teſte des cinq Brigades dudit Regiment, quatorze ſols à chaque Lieutenant-Colonel, vingt-
deux ſols à chaque Major, quinze ſols à chaque Ayde-Major,

D

& dix ſols à chaque Aumoſnier & Chirurgien.

CAVALERIE.

Chaque Compagnie des Regimens de Cavalerie Françoiſe, ſera payée à raiſon de dix-huit ſols par jour au Capitaine, de douze ſols au Lieutenant, neuf ſols au Cornette, ſix ſols au Mareſchal des logis, trois ſols ſix deniers à chacun des deux Brigadiers, & de trois ſols à chacun des trente-huit Cavaliers, y compris le Trompette & le Timbalier, où il y en a : Les deux Sous-lieutenans qui ſont dans la Compagnie-Colonelle du Regiment Colonel general de la Cavalerie, recevront douze ſols par jour chacun.

Eſtat-Major.

Il ſera payé pour l'Eſtat-Major de chacun deſdits Regimens de Cavalerie Françoiſe, dix-huit ſols par jour au Meſtre de Camp, douze ſols au Lieutenant-Colonel, dix huit ſols au Major, douze ſols à l'Ayde-Major, & neuf ſols à chacun des Aumoſnier & Chirurgien.

Chacun des Officiers reformez qui ſervent à la ſuite deſdits Regimens, ſera payé à raiſon de trente-cinq ſols au Meſtre de Camp, vingt-cinq ſols au Lieutenant-Colonel, quinze ſols au Capitaine, & de dix ſols au Lieutenant reformé.

FILTZJAMES.

Chaque Compagnie du Regiment de Cavalerie Irlandoiſe de Filtzjames, ſera payée à raiſon de cinquante ſols par jour au Capitaine, de vingt-cinq ſols au Lieutenant, dix-huit ſols neuf deniers au Cornette, treize ſols quatre deniers au Mareſchal des logis, quatre ſols à chacun des deux Brigadiers, & de trois ſols ſix deniers à chacun des trente-huit Cavaliers, y compris le Trompette & le Timbalier, où il y en a.

Eſtat-Major.

L'Eſtat-Major dudit Regiment doit eſtre payé à raiſon de vingt-deux ſols trois deniers par jour au Meſtre de Camp, de ſeize ſols huit deniers au Lieutenant-Colonel, trois livres au Major, trente ſols à l'Ayde-Major, quinze ſols à l'Aumoſnier, & de ſept ſols au Chirurgien.

Officiers reformez.

Les Officiers reformez qui ſervent à la ſuite dudit Regiment, ſeront payez à raiſon de trois livres un ſol par jour à chaque Meſtre de Camp, de cinquante huit ſols

Du 1.er avril 1734.
15

quatre deniers à chaque Lieutenant-Colonel, quarante sols
à chaque Capitaine, & dix-neuf sols six deniers à chaque
Lieutenant reformé.

Les Compagnies du Regiment Royal-Allemand, seront *ROYAL-ALLEMAND.*
payées à raison de trois livres par jour au Capitaine,
de trente sols au Lieutenant, vingt-deux sols six deniers
au Cornette, de quinze sols au Mareschal des logis, quatre
sols six deniers à chacun des trois Brigadiers, & de trois
sols six deniers à chacun des trente-sept Cadets, Cavaliers,
Trompette & Timbalier; il sera de plus payé six deniers
par jour à chaque Cadet qui passera en revûë, suivant le
certificat du Commandant du Regiment.

Pour l'Estat-Major dudit Regiment, il sera payé au *Estat-Major.*
Mestre de Camp, trois livres six sols huit deniers par jour,
cinquante sols à chacun des deux Lieutenans-Colonels,
quatre livres trois sols quatre deniers à chacun des deux
Majors, vingt-six sols huit deniers à chacun des deux
Aydes-Majors, treize sols quatre deniers au Mareschal des
logis, seize sols huit deniers au Prevost, treize sols quatre
deniers à son Lieutenant, dix sols au Greffier, treize sols
quatre deniers à chacun des Aumosnier & Chirurgien,
& sept sols six deniers à chacun des quatre Archers, & un
Executeur de justice : Voulant Sa Majesté que le Sieur
d'Aremberg Lieutenant-Colonel dudit Regiment, auquel
il a esté reglé deux cens livres d'appointemens par mois,
par ordonnance particuliere, reçoive cent livres pour
chacun de ceux qu'il servira en campagne avec ledit
Regiment.

Il sera payé aux Officiers reformez servant à la suite *Officiers*
dudit Regiment, trois livres à chaque Mestre de Camp *reformez.*
ou Lieutenant-Colonel, trente sols à chaque Capitaine,
& quatorze sols à chaque Lieutenant.

Chaque Compagnie de Cavalerie du Regiment Alle- *ROSEN.*
mand de Rosen, sera payée à raison de trois livres par
jour au Capitaine, trente sols au Lieutenant, vingt-deux
sols six deniers au Cornette, treize sols quatre deniers
au Mareschal des logis, quatre sols à chacun des deux

Brigadiers ; & de trois fols fix deniers à chacun des trente-huit Cavaliers, y compris le Trompette & le Timbalier.

Eſtat-Major. L'Eſtat-Major dudit Regiment doit eſtre payé à raiſon de trois livres fix fols huit deniers au Meſtre de Camp, quarante fols au Lieutenant-Colonel, cinq livres dix fols au Major, trois livres à l'Ayde-Major, treize fols quatre deniers à chacun des Aumoſnier, Chirurgien & Auditeur, fept fols fix deniers à chacun des Greffier, trois Archers & à l'Executeur : les Officiers reformez fervant à la fuite dudit Regiment, devant eſtre payez de même que ceux qui font à la fuite du Regiment Royal-Allemand.

Hussards. Les Compagnies de Huſſards feront payées à raiſon de trois livres par jour au Capitaine, trente fols au Lieutenant, vingt-deux fols fix deniers au Cornette, treize fols quatre deniers au Mareſchal-des-logis, quatre fols fix deniers à chacun des deux Brigadiers, & trois fols fix deniers à chacun des trente-huit Huſſards, compris un Trompette.

Eſtat-Major. L'Eſtat-Major de chacun deſdits Regimens doit eſtre payé à raiſon de trente-trois fols quatre deniers par jour au Meſtre de Camp, de vingt fols au Lieutenant-Colonel, quatre livres cinq fols au Major, trente fols à l'Ayde-Major, & neuf fols à chacun des Aumoſnier & Chirurgien ; & les Officiers reformez entretenus à la fuite deſdits Regimens recevront le même traitement que ceux du Regiment Royal-Allemand.

Dragons. Les Compagnies de Dragons feront payées eſtant en campagne, à raiſon de quinze fols par jour au Capitaine, de dix fols au Lieutenant, fix fols au Cornette, cinq fols au Mareſchal-des-logis, trois fols au Brigadier, & deux fols fix deniers à chaque Dragon & Tambour ; le fecond Lieutenant, les deux Sous-lieutenans, qui font dans la Compagnie Colonelle du Regiment Colonel general, & le fecond Lieutenant qui eſt dans la Compagnie Colonelle du Regiment Meſtre de Camp general de Dragons, devant eſtre payez à raiſon de dix fols par

jour

Du 1er avril 1734.

17

jour à chaque second Lieutenant, & de huit à chaque Sous-lieutenant.

L'Estat-Major desdits Regimens de Dragons sera payé, *Estat-Major.* à raison de trois livres quinze sols par jour au Mestre de Camp, de quinze sols au Major, de dix sols à l'Ayde-Major, & de neuf sols à l'Aumosnier.

Les Officiers reformez de Dragons, qui servent à la suite des Regimens de Dragons, seront payez à raison de trente-cinq sols par jour au Mestre de Camp, de vingt-cinq sols au Lieutenant-Colonel, de douze sols au Capitaine, de huit sols à chaque Lieutenant.

L'intention de Sa Majesté est, que ce qui est cy-dessus reglé pour les Gardes, Gendarmes, Chevaux-legers, Mousquetaires, Grenadiers à cheval, Cavaliers, Hussards, Dragons, Sergens & Soldats desdites Troupes, tant françoises qu'estrangeres, pendant qu'elles se trouveront en campagne, leur soit entierement payé, sans que les Capitaines puissent en rien retenir, sous quelque prétexte que ce puisse estre.

Comme il se pourroit faire que quelques-uns des Regimens que Sa Majesté a nommez pour servir dans ses armées, demeureront dans les places pendant une partie de la campagne, Sa Majesté entend qu'ils y soient payez comme pendant l'hyver; Et qu'en conformité de l'Ordonnance du 30. Novembre dernier, le Capitaine d'Infanterie françoise, ne reçoive que trois payes de gratification, de cinq sols six deniers chacune, au lieu de cinq; que le pain soit fourni aux Sergens, Soldats, Brigadiers, sous-Brigadiers, Gardes, Grenadiers à cheval, Gendarmes, Chevaux-legers, Mousquetaires, Cavaliers, Carabiniers, Hussards, Dragons, Tambours, Trompettes & Timbaliers, dans celles desdites Places où il en est distribué; qu'il soit retenu deux sols sur leur solde pour chaque ration de pain, & que le fourrage soit fourni ausdits Brigadiers, sous-Brigadiers, Porte-estendars, Gendarmes, Chevaux-legers, Mousquetaires, Cavaliers, Carabiniers, Hussards, Dragons, Trompettes & Timbaliers.

E

L'intention de Sa Majesté est aussi, que s'il arrive qu'une troupe destinée pour tenir garnison dans les Places, en soit tirée pour servir en campagne, elle reçoive le même traitement que les Troupes d'armées.

Quant aux Troupes que Sa Majesté a destinées pour tenir garnison pendant la campagne, & qui y demeureront, le pain de munition sera fourni aux Sergens, Soldats, Cavaliers & Dragons, dans les Places où ladite fourniture a esté ordonnée par l'Ordonnance du 12. Mars de la presente année, pendant le temps qui y est porté; & seront payées de leur solde ordinaire, sur laquelle il sera retenu deux sols pour chaque ration qui leur aura esté delivrée; & le fourrage sera fourni à l'ordinaire, aux Brigadiers, Cavaliers & Dragons.

Et comme Sa Majesté a fait retenir sur l'ustensile cent cinquante livres à chaque Capitaine d'Infanterie, l'ustensile entier à chaque Lieutenant, Sous-lieutenant ou Enseigne, & deux sols pour chaque Carabinier, Cavalier, Hussard & Dragon, qui doivent leur estre distribuez pendant la campagne : L'intention de Sa Majesté est, que lesdites sommes leur soient remises, sçavoir, la retenuë sur l'Infanterie pendant six mois également, à commencer du mois de May, & les deux sols du Cavalier ou Dragon en cinq payemens égaux, à commencer dudit mois de May.

MANDE & ordonne Sa Majesté aux Gouverneurs, & ses Lieutenans generaux en ses Provinces, à ses Lieutenans generaux en ses armées, aux Mareschaux de Camp ayant le commandement sur ses Troupes, aux Gouverneurs ou Commandans de ses Villes & Places, aux Intendans dans lesdites Provinces & armées, aux Directeurs & Inspecteurs generaux de ses Troupes, aux Commissaires des guerres, & à tous autres ses Officiers, de tenir la main, chacun ainsi qu'il luy appartiendra, à l'execution de la presente. FAIT à Versailles, le premier Avril mil sept cens trente-quatre. *Signé* LOUIS. *Et plus bas,* BAÜYN.

www.ingramcontent.com/pod-product-compliance
Lightning Source LLC
LaVergne TN
LVHW021911180726
843502LV00008B/3010